LE 13 JUIN

PAR

LEDRU-ROLLIN.

SUIVI DE

AFFAIRE DU CONSERVATOIRE

Par V. Considerant.

BRUXELLES,

CHEZ J. B. TARRIDE, LIBRAIRE,

GRANDE RUE DE L'ÉCUYER.

1849

AVERTISSEMENT DE L'ÉDITEUR.

LE 13 JUIN, tout récemment publié par LEDRU-ROLLIN, vient d'être saisi en France comme l'avait été la reproduction des SIMPLES EXPLICATIONS, écrites par V. CONSIDERANT, à Paris, dès le lendemain de la journée du Conservatoire.

Il nous a paru convenable de réunir sous une seule couverture ces deux écrits qui sont le premier et le dernier mot dits sur cette affaire du 13 Juin, par les deux premiers accusés du 14, les citoyens Ledru-Rollin et Considerant.

Ces deux saisies donnent la mesure de la liberté de la presse sous la République de la réaction, en France.

Imprimeriede A. LABROE et Cr.

LE 13 JUIN.

C'est un procès jugé, mais non plaidé.
Caussidière, à l'occasion du 9 thermidor.

I.

Depuis cinq mois, j'ai laissé l'action et la parole à nos ennemis : ils en ont usé largement, comme ils savent le faire, quand la dictature les couvre ; et, sauf les pontons que l'exil remplace, la réaction de juin 1849 n'a rien oublié, dans ses débauches, des violences de sa mère, la sanglante réaction de 1848. Ainsi, l'état de siége quand Paris jouissait du calme le plus profond, les conseils de guerre, les mandats sur délation, les visites domiciliaires, la suspension des journaux, aggravée cette fois du pillage des imprimeries, des citoyens frappés à genoux sans défense, d'autres jetés dans les cachots pour un mot, pour un geste, ou même pour simple cause de suspicion, voilà ce que nous avons vu depuis le 13 juin, sans compter la plus riche hécatombe de représentants que l'histoire ait connue, et la série de lois draconiennes qui sont l'impôt obligé des journées fatales au peuple, la prime ordinaire des contre-révolutions heureuses.

Dans cette belle curée que les royalistes se sont ouverte, comme la liberté, comme le peuple, comme mes amis, j'ai laissé ma part de dépouilles; mais, ne pouvant assouvir sur ma personne leurs implacables rancunes de Février et d'avant Février, mes loyaux ennemis se sont jetés sur mon honneur, et, pendant quatre mois, tous ces *braves* m'ont accusé de lâcheté, de désertion à l'heure de la bataille. Je n'ai pas voulu répondre aux *Bayards* si connus de Février et de Juillet; car leur parole ne vaut en matière d'honneur, et, comme leur bouclier, leur cœur est de carton, ainsi qu'en témoignent deux dynasties tombées sous nos coups, sans qu'ils aient su montrer même le courage des valets pour les défendre ou pour les suivre.

Que m'importait, d'ailleurs? N'avais-je pas pour me venger la preuve publique imminente au procès, les témoignages à l'audience qu'on ne pouvait ni supprimer ni travestir. N'étais-je pas certain qu'il serait fait justice au grand jour, en plein débat, de toutes ces fables burlesques, inventées ou ramassées sous toutes les polices, et perfidement enchâssées dans les réquisitoires, à cette honnête fin de frapper, dans l'un des fondateurs de la République, la République elle-même?

Aujourd'hui, quoiqu'un arrêt ait supprimé violemment la défense générale de la cause et de ses martyrs, cette preuve que j'attendais, cette preuve expiatoire s'est faite, par les témoignages et par la parole loyale de mes amis, dont la probité fidèle, dans les fers, comme dans les autres fortunes, m'a touché profondément et me console de toutes ces avanies.

Un mot seulement, un dernier mot sur ces calomnies, misérables cartouches de police qui ont servi depuis cinq mois à charger tous les gros et petits calibres de la réaction...

Dans la journée du 13 juin, au Conservatoire, nous avons vu la mort d'assez près, quelques-uns de mes amis et moi. Le long du mur alignés, sans armes et sans défense, nous étions à six pas, sous le feu d'un peloton qui nous tenait ajustés et qui n'attendait plus que le dernier commandement. L'officier, ivre de fureur et de vin (disent plusieurs témoins), levait son épée pour donner cet ordre de mort, quand un chef supérieur, accourant à toute bride, n'eut que le temps de relever les fusils. « Ils sont prisonniers, dit-il ; s'ils bougent, on les fusillera tout à l'heure. » Oui, un instant de plus et nous tombions assassinés, sans provocation, sans combat, sans explication, sans jugement, comme un troupeau qu'on égorge à l'abattoir ! Eh bien, à ce moment tragique et suprême, un seul des hommes rangés le long de ce mur a-t-il baissé la tête, a-t-il, en suppliant, marchandé sa vie, et fait prix pour son corps aux dépens de son honneur ? Quels sont donc les lâches, de ceux qui se tiennent ainsi sous la mort, sans pâlir, ou de ceux qui les insultent le lendemain, prudemment abrités derrière les canons de l'état de siége ? Non, non, pendant cette journée de sacrifices, je n'ai point oublié un instant que, de tous ses représentants, j'étais celui que la France venait d'honorer du plus grand nombre de ses suffrages.

Et plus tard, en effet, lorsque j'ai quitté le Conservatoire, y avait-il lutte ? y avait-il bataille ? avais-je des amis engagés dans un combat ? Il n'y avait ni combat, ni lutte, ni bataille d'aucune espèce. Sans avoir rendu ni le droit, ni les armes, car je n'avais pas d'armes, et mon droit restait entier sous la force, j'étais prisonnier de guerre dans une place mal gardée. Je me suis retiré librement, sans laisser derrière moi, — ni ma parole, que je n'avais pas donnée, ni mes amis ; — car, depuis plus d'un quart-d'heure, il ne restait que quatre d'entre nous aux Arts-et-Métiers : Martin-Bernard, Considérant, Guinard et moi ; — ni, par conséquent, mon honneur. Depuis quand le prisonnier de guerre est-il lui-même justiciable de ses fers tombés ? et si la force ne sait ou ne peut garder ses captifs qu'entourent trop de sympathies, quelle est la morale qui les condamne à se faire leurs geôliers eux-mêmes ? — Pourquoi, d'ailleurs, moi, représentant, aurais-je sanctionné la violence exercée sur le Peuple souverain dans ma personne? Est-ce que, dans l'accomplissement de mon droit et de mes devoirs, j'avais à légitimer la force, en laissant mon écharpe, ma liberté ou ma vie en otage à ses caporaux ? Encore un coup, ceux qui me dénoncent comme ayant déserté la bataille savent bien qu'il n'y a jamais eu de bataille au Conservatoire. Maintenant, qu'ils aient été hors d'eux-mêmes d'avoir laissé échapper la proie..... sans trop de présomption, je le comprends, au luxe de piéges dont ils l'avaient environnée ; mais, je ne saurais compatir à leur douleur, quand je me souviens que le guet-apens audacieux de Moulins est resté sans vengeance, et qu'on n'a pas voulu trouver les coupables d'un assassinat public tenté contre ma personne.

Laissons les hommes et parlons principes.

II.

La Question Romaine.

Le 13 juin dernier, nous avons été déclarés factieux par le gouvernement de M. Louis Bonaparte ; nous avons été traqués comme tels, et livrés, sans débats, par l'Assemblée nationale, aux bras vengeurs de la justice politique. Une longue instruction s'est faite contre nous, sous l'état de siége, sans aucune garantie de publicité ni de contrôle, car toutes les feuilles libres étaient supprimées ou bâillonnées ; et, de ces investigations à huis-clos, un acte d'accusation est sorti, qui nous a traduits devant la haute-cour de Versailles, comme accusés de complot et d'attentat *contre la République* ! à propos des affaires romaines.

Les affaires romaines ! l'Europe entière les sait. Comme cependant ce n'est que du pur énoncé des faits, du simple rapprochement des dates que découle naturellement la preuve et de notre justification et du forfait du gouvernement, qu'il me soit permis de les rappeler rapidement.

Au mois de mars dernier, un ministre du gouvernement fut chargé de porter à la tribune de la Constituante la demande d'un crédit de 1,900,000 francs pour les frais d'un corps expéditionnaire qu'on voulait envoyer dans les Etats romains. Ce ministre déclara qu'il y avait péril imminent pour l'indépendance et la liberté romaine ; que les puissances alliées du Saint-Siége allaient envahir Rome, et qu'il fallait que le drapeau de la France fût là pour arrêter les vainqueurs et couvrir les vaincus.

A cet hypocrite appel fait au nom de la liberté, je compris qu'une mauvaise pensée venait de naître dans les conseils du gouvernement, et que cette pensée portait, dans ses conséquences non-seulement une violation flagrante de notre Constitution, mais la ruine de la République romaine et la restauration de tous les vieux abus de la papauté. Je dénonçai ce complot en germe ! la Constituante ne partagea pas mes craintes, que les événements, hélas ! n'ont que trop justifiées depuis. Une commission fut nommée pour examiner à fond le projet du gouvernement, et les engagements les plus formels des ministres, dans les bureaux, ayant calmé tous les scrupules, même ceux de M. Jules Favre, la majorité sanctionna par son vote le crédit de l'expédition.

Tel fut le premier acte public de cette longue intrigue gouvernementale, si féconde en palinodies indignes, et qui s'est dénouée dans le sang à Rome, à Paris par la déportation.

Notre instinct nous avait bien servis, mes amis et moi ! N'avions-nous pas d'ailleurs la leçon des événements ? Les faits qui se passaient sous nos yeux n'étaient-ils pas autant de preuves vivantes ? Ainsi, la République romaine était, comme la nôtre, sortie des libres volontés d'un Peuple souverain, et bien qu'elle eût un gouvernement légal, issu du suffrage universel, on refusait de la reconnaître ; on n'avait de relations officielles qu'avec le représentant du pouvoir déchu, témoignant ainsi effrontément de la haine qu'on portait à Rome affranchie ; enfin le commandement de l'expédition est confié à un des porte-bannières de l'Eglise et de la branche aînée.

Maintenant que le pays a payé l'assassinat de Rome de son or et du sang de ses fils, maintenant qu'il est engagé par la question romaine dans un impasse infranchissable, il peut dire si nous avions raison de sonner le tocsin à la première alerte ?

Mais le complot tramé dans l'ombre pour un succès électoral qui devait désarmer la Révolution à l'intérieur, ce complot des royalistes et de l'Elysée, va bientôt poindre au grand jour et se développer dans toutes ses perfidies. L'attaque du 30 avril, en effet, cette attaque sauvage contre Rome, découvrit le dessein caché de la politique française et les secrètes instructions qu'on avait données au général Oudinot.

Qu'avait voulu la Constituante ? Qu'on entrât, *en amis*, dans les Etats romains, qu'on occupât un point du territoire, ainsi que l'avait fait Casimir Périer pour Ancône, et qu'on attendît, avant d'intervenir, les hostilités de l'Autriche ou du Bourbon de Naples. Qu'avait cent fois répété le gouvernement par ses deux organes ministériels, MM. Drouin de Lhuys et Odilon Barrot ? — Qu'il n'y aurait pas de prise d'armes contre Rome, qu'on respecterait son Peuple et ses Assemblées dans leurs volontés souveraines, et qu'on n'agirait que pour sauvegarder, en cas de malheur, les libertés romaines contre les violences de l'étranger. Eh bien ! le général en chef de cette expédition *fraternelle* et *tutélaire* avait ouvert sa campagne *philanthropique* par l'occupation militaire, dictatoriale de Civita-Vecchia, indignement, misérablement abusée, et, le 30 avril, il marchait sur la capitale, bataillons en armes et mèche allumée.

Subitement éclairée par ce guet-apens inouï, l'Assemblée nationale sentit l'injure. Elle se souvint de ces paroles, prononcées le 16 avril par M. Barrot : « *Nous ne voulons pas faire concourir la France au renversement de la République romaine.* » Et, devant cette déloyauté qui se trahissait à coups de canon, elle vota son fameux ordre du jour du 7 mai : « L'assemblée nationale invite le gouvernement à prendre, » sans délai, les mesures nécessaires pour que l'expédition » *d'Italie ne soit pas plus longtemps détournée* du but qui lui » était assigné. »

Par cette sentence législative qui restera comme une flétrissure publique dans notre histoire, la Constituante dégageait sa responsabilité, châtiait le gouvernement et tentait de l'arrêter dans ses félonies.

Le ministère, en effet, accepta ce terrible jugement ; il jura de l'exécuter dans toute sa rigueur, et, pour mieux tromper l'Assemblée, il envoya M. de Lesseps à Rome avec plein pouvoir de débattre et de résoudre. Mais les élections approchaient ; la Constituante, qui s'était dépouillée de ses mains, allait remettre à la Législative les destinées de la République, et sa volonté mourante fut bientôt scandaleusement trahie.

A l'heure où sa souveraineté venait de s'ensevelir dans le nouveau scrutin, on déchirait son testament à l'Elysée avant que la Législative fût elle-même installée ; on donnait ordre au général Oudinot de renouveler sa marche sur Rome ; on engageait enfin l'honneur et les forces de la France, au mépris de la Constitution, au mépris de deux Assemblées dont l'une avait prononcé souverainement et dont l'autre était encore à parler !

C'est ici que le complot éclate dans tout son jour et que va commencer la série des attentats. Les acteurs se présentent désormais sans masque sur la scène, et chacun fait publiquement sa partie. Le président annonce des renforts à son cher Oudinot, et les vapeurs, armés en guerre, sillonnent la Méditerranée. L'honnête homme du conseil, M. Barrot, dénonce la République romaine comme un gouvernement de terreur et d'assassinats ; la ville éternelle n'est plus qu'un coupe-gorge, un repaire de bandits et de révolutionnaires étrangers opprimant un peuple chrétien. Il faut chasser à tout prix ces écumeurs sauvages du saint asile métropolitain, et délivrer de la tyrannie de ces dictateurs cette grande cité catholique où tous les cœurs appellent, d'un vœu tacite mais ardent, le père de la mansuétude, le pape de toutes les miséricordes, Sa Sainteté Pie IX.

Pour cette œuvre fratricide, toutes les nuances du royalisme se donnent la main. J'entends encore d'ici la voix aigre de M. Thiers, les notes séraphiques et mielleuses de M. de Falloux, mêlées au faux bourdon du vieux chantre de la paroisse constitutionnelle. Ce brave homme, traître à ses serments de la veille, à tous ses actes, à toutes ses paroles de vingt ans, vient demander un nouveau crédit pour doubler les forces de l'expédition, pour écraser Rome, qu'il devait couvrir contre les Autrichiens. Le malheureux ! acheter quelques heures de pouvoir par tant de bassesses, pour se voir ignominieusement chassé plus tard par l'odieuse ingratitude d'un frère, et recevoir au cœur une inguérissable blessure. Mânes de la République romaine, vous commencez à être vengées !

Je le demande, y a-t-il place encore à l'équivoque, au scrupule, dans les cœurs honnêtes ? La Constitution n'est-elle pas cyniquement violée dans son article 5, et le sang romain ne crie-t-il point vengeance devant le Peuple, devant la Constituante, dont le dernier vote fraternel s'est traduit par un long et sanglant bombardement ?

Certes, si cette Assemblée s'était trouvée debout, dans son pouvoir souverain, devant cette rapide et scandaleuse évolution, devant cette indigne volte-face du gouvernement, à moins d'abdiquer toute pudeur et tout respect d'elle-même, elle aurait fait jeter à Vincennes le président et ses conseillers ; elle les aurait livrés à la justice nationale comme atteints et convaincus de haute trahison. Mais la Constituante n'existait plus, et quatre cents royalistes siégeaient sur ses bancs, jaloux de conclure et de porter contre la République romaine un coup fatal à la République française.

Aussi, voyez la marche des événements, et comme tout se précipite sous l'impulsion des chefs royalistes, parmi lesquels sont venus siéger jusqu'aux vieillards de 1815.

La lettre du président de la République était un acte flagrant de révolte contre la Constitution et contre le dernier arrêt d'une Assemblée omnipotente. Eh bien ! la nouvelle Assemblée l'amnistie, le fait sien, et sanctionne, par ses acclamations, cette scandaleuse usurpation du pouvoir souverain, cette insulte grossière à la première Assemblée sortie du suffrage universel.

Le ministère s'était engagé d'honneur, par des actes (l'envoi de M. de Lesseps), et par la parole (les discours de M. Barrot), à faire exécuter l'arrêt du 7 mai dans toute sa rigueur. Eh bien ! la nouvelle Assemblée déclare que le ministère a bien fait de mentir à sa parole, de changer un corps d'observation, une expédition de sauvegarde en une expédition violente, en guerre acharnée contre un Peuple, contre une nationalité libre, indépendante, maîtresse d'elle-même. — M. de Lesseps, fidèle aux instructions qu'il avait reçues, ainsi qu'à la politique de la Constituante, voyant de près les choses et les hommes, conclut un armistice et formule un traité qui termine le différend à l'honneur des deux politiques et des deux Peuples engagés. — Eh bien ! l'armistice est violemment rompu par le chef militaire de l'expédition : un simple agent du pouvoir exécutif déchire le traité d'un plénipotentiaire ! M. de Lesseps est désavoué, rappelé, flétri par un gouvernement parjure, par une politique à double visage qui ne fut qu'une éternelle hypocrisie. — Et la nouvelle Assemblée de glorifier encore cette longue série de scandales, de trahisons, d'équivoques, dont le dernier mot devait être l'arrêt de mort d'un Peuple, et le dernier terme, l'assassinat d'une République.

Que devions-nous faire devant ce pouvoir exécutif qui, ministres et président, venait entrer, après trois mois de conspiration, d'intrigues, de mensonges, en pleine révolte contre l'esprit de la Révolution de février, contre les principes de la politique républicaine, contre les décisions suprêmes de l'Assemblée, contre le texte formel de la Constitution et contre la foi jurée ? Nous devions demander la mise en accusation des ministres et du président ; nous devions provoquer devant l'Assemblée législative l'application immédiate des articles de la Constitution sur la responsabilité.

Ce devoir, nous l'avons accompli jusqu'au bout ; — nos conclusions et nos motifs, comme les faits de cette guerre impie, sont déjà de l'histoire ; mais dans la conscience contemporaine, ils sont demeurés aussi vivants qu'au jour de la lutte : elle en est encore toute saisie, et dans plus de vingt procès, elle nous a donné raison par le verdict solennel de ses jurés.

L'Assemblée législative rejeta pourtant nos propositions vengeresses de l'honneur et de la loi outragés. La demande de mise en accusation fut repoussée par la majorité royaliste, et la politique anticonstitutionnelle du gouvernement consacrée par le vote d'un crédit nouveau.

Oui, quelle conduite tenir, dans cette conjoncture extrême, devant une Assemblée qui légitimait le parjure des ministres, l'usurpation du président, et qui se rendait complice de leur révolte contre la loi fondamentale de la République ?

En présence de cet article 7 du préambule de la Constitu-

tion : « Le citoyen doit aimer la patrie, servir la République,
» la défendre, même au prix de son sang. »

De l'article 109 : « L'Assemblée nationale confie le dépôt
» de la présente Constitution et des droits qu'elle consacre à
» la garde et au patriotisme de tous les Français. »

Ces prescriptions obligatoires et sacrées, nous les avons,
par la tribune, par la presse, portées devant le Peuple, et mon-
trant tous les pouvoirs en flagrant délit d'attentat contre la
Constitution, nous les avons déclarés déchus, rappelant à
chacun ses droits et ses devoirs.

C'était mettre en demeure le souverain au nom de la Constitution violée par ses délégués ; c'était accomplir notre dernier acte de représentants constitutionnels.

Le souverain a répondu, le lendemain, par une manifestation pacifique, par une dernière tentative en droit, fondée sur
l'article 8 de la Constitution, qui dit :

« Les citoyens ont le droit de s'associer, de pétitionner, de
» s'assembler paisiblement et sans armes. »

Or, à cette manifestation *légale*, comment, à son tour, a répondu le gouvernement ? Par la violence sans sommation (je le
prouverai), par une attaque sauvage, par la baïonnette, par l'é-
pée qui a versé le sang et qui nous a poussés au Conservatoire.

Et qu'a fait l'Assemblée ? Elle a livré le Peuple, le souverain, à la dictature militaire, et les protestants parlementaires
au parquet, comme elle avait livré la Constitution au gouvernement.

Voilà la crise de juin dans ses causes et dans ses faits généraux.

A quelques jours de là, on entendit tomber les murailles de
Rome sous les boulets de la France républicaine, et le ministère annonça que nos armes avaient enfin délivré la ville éternelle.

En effet, la dictature étrangère exercée par un soldat venait
d'être établie, et gouvernait sous l'inspiration des prêtres :
on avait chassé la Constituante, chassé les administrations,
chassé le gouvernement, aboli la République, dissous la garde
nationale et ce qui restait de l'armée. La presse était au bâil-
lon, le peuple sous la loi martiale, et deux drapeaux flottaient
au château Saint-Ange, celui des cardinaux inquisiteurs et
celui de l'étranger victorieux. Rome était donc bien libre,
libre comme le Paris de 1815 sous la lance du Cosaque et sous
la pression de l'Europe armée.

Ce peuple *affranchi* pourtant ne criait point *Noël !* n'appelait point son pape, n'embrassait pas ses libérateurs ; il enter-

ait ses morts et portait, à la face de l'armée française, le deuil de la République.

Dans cette ville qu'opprimaient la veille les *condottieri* de révolutions et des bandits érigés en dictateurs, malgré toutes les manœuvres de la police, malgré les appels ardents d'Oudinot et de ses aides en diplomatie, l'on n'entendait pas une acclamation en faveur de Pie IX, et tous les foyers, comme tous les cœurs, restaient fermés à l'étranger.

Autre malheur : on ne trouvait pas de crimes au compte des triumvirs, pas de sang à leurs mains, dans leur poche pas une baïoque du trésor public ; on avait donc calomnié le peuple, l'armée, le gouvernement ; on avait trompé la France en toutes choses et sur toutes choses, pour abattre, pour assassiner une République !

Et qu'importent à nos saints ministres, à notre religieuse Assemblée, le silence terrible du peuple romain, son attitude sombre, sa piété pour sa République et pour ses morts ? Qu'importent les déceptions du jour, filles des vieilles calomnies ? Ce n'est pas l'indépendance, la souveraineté, la liberté du peuple romain dont il s'agit ; c'est l'intérêt général de la catholicité qui est en cause, et cet intérêt veut que le pape soit rétabli sur son trône, dans toute la plénitude de ses deux puissances, de ses deux souverainetés, qui, l'une sans l'autre, sont condamnées à périr.

Ainsi l'entendent ces deux capucins attardés sur la route du progrès, MM. de Falloux et de Montalembert ; ainsi le veut la majorité des 400 qui, sous la restauration de la tiare, voit ressusciter déjà tout l'ancien monde des couronnes et des hiérarchies.

Ce chant de victoire indiscret, ce triomphe prématuré des légitimités menace le président lui-même ; il trouve alors qu'on va trop vite en besogne ; il sait nos officiers voltairiens et fort las de jouer, aux yeux du monde, le beau rôle de geôliers du saint-office ; il veut d'ailleurs, avant le Consulat ou l'Empire, se produire en pied sur la scène, et tout à coup il jette dans la politique une lettre napoléonienne qui, stipulant quelques apparences de liberté, règle et fixe les destins de Rome !

Mais M. Bonaparte a compté d'une part sans le pape, de l'autre sans M. Thiers et *ses croisés*. Le premier lui répond par un décret *ex cathedrâ* à la Grégoire XVI, et M. Thiers, *oubliant* la lettre de l'Élysée, fait voter par ses royalistes l'encyclique de la proscription et de l'absolutisme.

C'est à ce point qu'en est le drame aujourd'hui ; M. Bona-

parte a renouvelé son vestiaire et choisi des commis. Mais il
a subi la politique de l'Assemblée; — le pape n'a cédé ni
d'un principe ni d'un pardon, — et la liberté romaine a pour
suaire, non la pourpre de César, mais la robe rouge des cardinaux. Le pape, s'il rentre à Rome, ne pourra pas y rester
huit jours après le départ de l'armée française; et, d'après le
père Ventura lui-même, il aura tué son sacerdoce éternel au
profit de sa royauté viagère.

Ainsi, la République romaine est morte sous nos coups;
nous avons violé son territoire, trahi son peuple, abattu son
gouvernement, confisqué sa souveraineté. Nous avons rétabli
l'Eglise de paix sur un volcan de guerres civiles.

Président de la République, et vous, membres de la majorité, que répondrez-vous à l'histoire, en face de ce texte de
la Constitution : « La République française respecte les na-
» tionalités étrangères, comme elle entend faire respecter la
» sienne; elle n'entreprend aucune guerre dans des vues de
» conquête, et *n'emploie jamais ses forces contre la liberté*
» *d'aucun peuple ?* »

Que répondrez-vous à l'histoire, vous, bigots sans génie,
qui n'aurez pas voulu séparer le prince du pontife, dégager
le dogme des souverainetés mondaines qui lui sont étrangères, et qui aurez laissé porter à la religion le coup le plus
mortel, par l'aveugle entêtement de son premier vicaire ?

III.

Le Procès de Versailles.

Qu'est-ce que le procès de Versailles ? C'est un drame sub-
stitué, par un gouvernement aux abois, à l'accablante et simple vérité des faits; c'est une protestation légale, la résistance
dans la Constitution, qu'on transforme en complot; c'est une
série de violences et de provocations contre les victimes qu'on
déguise sous une accusation d'attentat.

Au point de vue judiciaire, c'est une arbitraire déclaration
de compétence rendue par un tribunal qui n'avait pas qualité
pour en connaître, au profit d'un haut jury dont les membres,

n'ayant point été élus à cet effet, n'en pouvaient légitimement user. Monstrueuse et double usurpation de pouvoirs que couronne plus tard l'interdiction de la défense.

La démonstration sur ces matières est acquise à la conscience publique, et je n'ai rien à dire après les défenseurs de Versailles. Comment qualifier également tous ces faits particuliers, tous ces détails groupés avec tant d'art dans l'instruction et dans le réquisitoire, et dont les débats ont fait justice. La France a pu voir de quelle poussière on avait bâti cet échafaudage !

Un mot seulement sur les faits généraux, sur les causes immédiates et sur les incidents de valeur qui peuvent jeter la lumière vraie, les dernières clartés dans cette discussion si misérablement étranglée, non par des scrupules d'audience, mais par *la nécessité politique* et la peur des juges.

A l'audience, comme dans l'acte d'accusation, le fait essentiel, primordial, souverain, la cause originelle et génératrice du procès a disparu.

L'expédition romaine n'a-t-elle pas détruit l'indépendance, la souveraineté, *la liberté* d'un peuple ? — Par ce crime la Constitution n'a-t-elle pas été violée ? — Telle était véritablement la question.

« Détournons nos regards et laissons de côté cette éternelle
» affaire de Rome, dit M. Baroche ; elle ne fut ici qu'un pré-
» texte pour une révolution nouvelle. » — « On ne peut pas
» plaider devant un tribunal, et contre le gouvernement, que
» la Constitution a été violée, dit M. de Royer ; ces questions
» d'Etat appartiennent à l'Assemblée toute-puissante : elle
» seule en peut décider. »

Ainsi, d'une main, on écarte le cadavre et de l'autre l'arrêt accusateur ; voilà la morale, la grande morale du réquisitoire ! Avant de prendre la parole, il a besoin de voiler le meurtre et de voiler la loi. — Cette justice n'est-elle pas jugée ?

Voilà donc Rome et la Constitution mises hors de cause ; renvoyez ces *pleureuses* avec leurs longs voiles de deuil : elles n'ont que faire au procès.

Il s'agit d'un complot et d'un attentat contre la République française et son gouvernement, — d'un complot d'abord ; en voici l'organisme :

1° *La Solidarité républicaine*, vaste association révolutionnaire qui reliait Paris aux départements et les départements à Paris ; la *Solidarité jacobine* avait, dès longtemps, organisé les cadres, et l'affaire de Rome, servant de *prétexte*, son armée se leva partout, au mot d'ordre, pour engager la bataille.

2° Le but, après cet assaut général, c'était de mettre la main sur la société française, et de la livrer à toutes les expériences sauvages du socialisme, en tenant tous les intérêts, tous les fronts affaissés sous une nouvelle *terreur* dont je devais être le Robespierre ; j'avais déjà distribué les fonctions à mes aides ; l'on nommait tous mes complices, grands juges, ministres et licteurs. N'avait-on pas trouvé, sous les tables du Conservatoire, le sinistre almanach de cette cour de sang ?

3° Comme autrefois, dans les guerres civiles du monde romain, j'avais ma légion prétorienne et mon quartier des *Esquilies*. Ce quartier était le sixième arrondissement, et mon capitaine aux gardes avait nom Forestier.

Voilà, citoyens, ce que vous avez lu pendant quatre mois dans toutes les feuilles qui s'inspirent de la police, des parquets, et du gouvernement.

Eh bien ! quand M. l'avocat général, ces débats étant clos, a pris la parole, il n'a pas dit un mot, un seul mot de la *Solidarité républicaine* ; il n'avait pas été question une seule fois, à l'audience, de cette société-mère qui ralliait toute l'armée de Catilina.

Pourquoi ce silence et dans les débats et dans le réquisitoire ? Parce qu'on avait adossé le procès à un paravant de fantaisie, parce que la *Solidarité républicaine*, société de propagande électorale qui s'était fondée légalement, était morte depuis *cinq mois* ; parce que ceux de ses membres incarcérés avaient été élargis après une longue détention, lorsque l'affaire du 13 juin éclata ; parce que de ses registres saisis, de ses papiers et correspondances mis sous les scellés, une instruction laborieuse n'avait pu tirer une seule preuve, un seul indice relatif au complot à juger. Ledit complot s'était donc écroulé par sa base, et l'on avait été forcé de l'étayer ailleurs. Voilà pourquoi la *Solidarité républicaine* a disparu de l'affiche, au lever du rideau.

Quant aux abominables expériences socialistes, dernier but de la conspiration, et auxquelles je devais présider en qualité de dictateur, *avec droit de vie et de mort*, puisqu'on n'a rien trouvé dans le sac de la solidarité, les lettres, la correspondance du chef trahiront sans doute le secret redoutable. Eh bien ! on ne produit pas même une seule lettre contre moi ! — Dans ma position officielle pourtant, j'en recevais jusqu'à cent par jour, dont je renvoyais la plus grande partie à la poste, ne pouvant y répondre, ni les payer. Le gouvernement en avait là sous la main plusieurs milliers, toutes ouvertes à l'œil de l'argus policier, ou du commis judiciaire, et dans ce riche trésor on n'a pu rien trouver non plus.

Singulier conspirateur que celui qui recevait la preuve de son crime, sa correspondance de chaque jour, à l'hôtel des Postes du gouvernement!

Mais le 6ᵉ arrondissement, et mon colonel prétorien M. Forest'er? — Hélas! dans ce malheureux procès, j'ai perdu mes Esquilies, mon lieutenant, *qu'on a été obligé de rendre à la liberté;* j'ai perdu mes ministres, mes francs-juges, mes licteurs, que l'on n'a pu retrouver, pas plus que les *listes rouges* du Conservatoire!

Où donc alors était le complot le 13 juin? Il était dans l'air, il était sur toutes les lèvres d'où s'échappait le cri de *Vive la Constitution!* Il était dans la protestation universelle des consciences; il était l'âme publique indignée.

Ainsi, quand le comité des journalistes, où se trouvaient représentés *la Presse, le Siècle, le Crédit* et *le National,* déclarait à l'unanimité que *la Constitution était violée;* quand M. de Girardin y proposait, aux applaudissements unanimes, de mettre au ban l'Assemblée nationale elle-même, c'était moi qui faisais mon complot contre la Constitution, contre la République et le gouvernement!

Quand le comité des *Amis de la Constitution* rédigeait son manifeste du 12 juin, et concluait, comme celui de la presse, par une déclaration de flagrant délit, et par un appel aux républicains, c'était moi qui faisais mon complot contre la société, contre la Constitution et contre le président! — Ne sait-on pas, en effet, que le comité des *Amis de la Constitution* ne veut pas de la Constitution, ne veut pas de la présidence, ne veut pas de la société bourgeoise?

Lorsqu'enfin le comité socialiste électoral adressait ses deux mâles proclamations au Peuple, au nom de la Constitution violée, comme l'avaient fait la Montagne et les deux autres comités, celui de la Presse et celui des Amis de la Constitution, c'était moi, toujours moi qui conspirais, et, cette fois, avec les 133,000 voix qu'avait obtenu, aux élections de Paris, le premier candidat de ce comité électoral socialiste!

Quelle pitié! — Trouver un complot, et le complot de quelques hommes, dans une explosion universelle du sentiment public qui éclate par tous ses organes et par toutes ses voix, contre le meurtre d'un peuple et contre le parjure d'un gouvernement.

Ah! certes, si c'est là pour M. Baroche un complot, il a bien mal fait sa besogne de justicier, car il aurait dû traîner la France entière à ses assises.

C'est cela pourtant, ou ce n'est rien, puisque *ma conspiration particulière* fait défaut, et qu'on a mis la *Solidarité républicaine* hors de cause.

Mais, qu'est-ce qu'un complot organisé, tramé par l'opinion publique, un complot de la conscience universelle ? C'est la vérité insaisissable, qui a pu être comprimée aujourd'hui, mais qui se fera jour demain, à travers mille et mille cratères, plus forte de sa compression même.

Un complot, au contraire, qui tombe sous le coup de la loi, ah ! nous en connaissons un qui s'est ourdi dans la nuit du 12, et déroulé sur les boulevards dans la journée du 13.

Le 12 au soir, *la date est significative,* avant la publication des manifestes, et le programme arrêté de la manifestation du lendemain, M. le général Changarnier éclatait ainsi, en s'entretenant avec le capitaine Farina : « *Je me moque bien de* » *votre Constitution ! — Lesseps est un fou ! — Vous êtes tous* » *des brigands de Parisiens ! Il n'y a que l'Empereur qui savait* » *vous mater. Eh bien ! moi, je mettrai le feu à votre ville !* »

Ces paroles touchantes qui révèlent si bien le républicain et le civilisé d'Afrique, elles avaient été répétées dans la salle des conférences, et de là s'étaient répandues au loin, comme la flamme sous le vent.

Ajoutez la tentative d'arrestation à domicile exécutée *dans la nuit du 12 au 13* contre les vingt-cinq membres du comité socialiste ; ajoutez encore les décrets de suspension contre les journaux républicains signés dans *la même nuit ;* — apprenez, enfin, qu'on avait, *la même nuit,* signé la dissolution de l'artillerie parisienne (j'avais dans les mains, le 13, à *huit heures du matin,* la copie de ces ordonnances sorties du ministère de l'intérieur), et qu'à ce dernier décret, on ne l'a point oublié, un commencement d'exécution fut donné par l'expulsion du poste des Tuileries, à *onze heures du matin !* Citoyens, n'est-ce bien pas là qu'est véritablement le complot ?

Et ces bandes en blouse sorties de la Préfecture de police (plusieurs témoins en ont déposé sans être contredits), ces faux ouvriers aux mains blanches, aux souliers vernis (voyez le *Moniteur*), marchant en légion d'émeute aux Arts-et-Métiers, puis disparaissant tout à coup, non pourtant sans avoir laissé leur empreinte au Conservatoire, car je me rappelle deux de ces héros de nuit, fusil à l'épaule, pistolets aux reins, criant : Vive la République romaine ! et qui se sont rués sur moi, dès qu'ils m'ont vu sous les baïonnettes.

Ne reconnaissez-vous pas là les expéditions de 1832, 1833, 1835, et ne devinez-vous pas d'où sont partis les coups de fusil tirés derrière ces barricades embryonnaires qui devaient, plus tard, offrir à M. le général Changarnier une si facile et si retentissante victoire. Ah ! le Peuple sait défendre autrement les barricades qu'il a lui-même élevées.

Le voilà, le grand complot de la journée du 13 juin, le voilà dans son vrai jour, avec ses menaces de caserne, ses décrets de provocation et ses guenilles de police.

N'en serait-il pas de même de l'attentat, et n'est-ce pas à ceux qui nous accusent que doit revenir le compte de la journée ? Voyez et jugez.

La colonne de la manifestation, partie du Château-d'Eau, s'est déroulée le long du boulevard ; des officiers de garde nationale, en tête : Etienne Arago, Schmit, Périer ; elle est accueillie, sur son passage, par les plus vives acclamations ; pas un cri séditieux n'est sorti de ses rangs, pas un homme n'est armé, pas une parole de guerre, pas une provocation n'a retenti : c'est la protestation du peuple qui se déploie pacifiquement en divisions profondes ; c'est l'armée de la constitution qui passe et qui va demander justice pour son honneur qui saigne et pour un peuple égorgé. Mais tout à coup un fort détachement militaire débouche, au trot, par la rue de la Paix, se jette sur cette longue foule massée, la coupe en tous les sens, la pousse du pied de ses chevaux et de la pointe de ses baïonnettes. La colonne attaquée cède en son milieu, mais elle ne peut ni se disperser, car il n'y a d'issues qu'une terrasse élevée, ni reculer, ses deux extrémités faisant l'étau. La mêlée reste épaisse quelque temps : alors des hommes tombent, on en frappe qui sont à genoux ou qui cherchent à fuir ! Enfin !... les vides se font, et les cadres à demi-refoulés, MM. les commissaires de police commencent à *faire les sommations.*

Les sommations, oui, après l'embuscade, après le guet-à-pens, après toutes les violences ; le roulement de tambour après l'exécution !

Si c'est là la méthode africaine, elle peut être d'une irrésistible vertu dans la guerre ; mais cette irruption d'ennemis dans une cité tranquille, contre les masses d'un peuple qui défila sans armes, se croyant à l'abri sous le bouclier de la loi, comment la nommer ? Chez des hommes libres, on l'appellerait assassinat ! Mais quand l'état de siége vient, après, tout couvrir de son formidable silence, que la parole reste

aux vainqueurs seulement, cela se décore du nom de stratégie, *la grande stratégie* du général Changarnier.

Ah ! pour moi, je le déclare, cinq mois écoulés n'ont encore
rien effacé de la vivacité de mes impressions. A la vue de ce
peuple traîtreusement surpris, lâchement assassiné, courant
de toutes parts en criant : Aux armes ! à la vue de ces citoyens sanglants apportés sous les fenêtres du lieu même de
notre réunion ; au souvenir des paroles du général Changarnier, dites la veille : « Je mettrai le feu à votre ville ; » au
souvenir, qui se pressait dans ma tête, de ces décrets déjà
rendus contre les journaux, contre l'artillerie, je n'ai plus eu
qu'un sentiment : défendre, avec le Peuple, la Constitution
deux fois violée par l'attentat contre Rome et par l'attentat
contre des citoyens désarmés ; — ou bien tomber, en victime,
avec lui.

Aux Arts-et-Métiers ! dit quelqu'un. Aux Arts-et-Métiers !
répondis-je..... Eh bien ! oui, le destin a trahi la cause du
droit ; le fait nous a condamnés !

Que m'importe, je le confesse ici dans la sainteté de ma
conscience, et dût l'amertume de l'exil empoisonner le reste
de ma vie, le 13 juin serait à faire, que, placé sous l'empire
des mêmes circonstances, je recommencerais ce que j'ai fait
le 13 juin.

Ce n'est pas l'orgueil qui me fait parler ainsi, c'est la foi. —
Il est des heures suprêmes où les petites combinaisons politiques ne sont rien. Oui, encore un coup, le fait nous a condamnés, mais un parti ne grandit point avec le droit qui suc-
combe dans sa main, il grandit en succombant pour le droit !
le droit, seule puissance de la démocratie depuis tant de siècles et contre laquelle aucun arrêt n'a su prévaloir.

Celui de Versailles, croyez-moi, amis, est déjà apprécié,
comme le fut par l'histoire l'arrêt des martyrs du 9 thermidor :

« C'EST UN PROCÈS JUGÉ, MAIS NON PLAIDÉ. »

IV.

De la majorité souveraine.

Peut-on même appeler *jugé* un procès où l'on a refusé de laisser débattre les principes, les causes déterminantes ?

Mais à quoi servirait de se traîner plus longuement sur d'inutiles détails, quand la solution du procès de Rhodez vient de nous prouver, une dernière fois, après vingt autres acquittements, ce que pense la France de la violation de la Constitution par le gouvernement et par l'Assemblée ? Effrayantes et formidables leçons, parties de tous les points du pays, comme une protestation unanime contre le verdict du jury de Versailles !

Avant de fermer cependant le dernier feuillet de ce procès, il nous faut examiner une double thèse, proclamée par le ministère public, consacrée par les juges, et qui semble suspendue sur la République comme une menace et comme un défi.

La majorité de l'Assemblée nationale, a-t-on dit, est souveraine. Elle a le droit omnipotent, le pouvoir absolu d'initiative et d'interprétation. Sa décision est, en toutes choses, la loi des lois.

Et, comme corollaire immédiat, comme légitime conséquence :

Le droit d'insurrection n'existe en aucun cas, toute résistance est un crime.

Ce code n'est pas nouveau dans le monde : il s'appelait, au moyen âge, le droit divin, et l'on en trouve encore les formules et la discipline dans le catéchisme de toutes les Russies.

Mais, chez Nicolas, dit-on, c'est la volonté d'un seul qui fait la loi, toute la loi ; c'est donc l'absolutisme. Tandis qu'en France, c'est la volonté collective qui fait les majorités, et le vote de la majorité n'est que l'expression, par l'organe de ses délégués, de cette volonté collective, l'expression du souverain. — Vous ne voulez donc pas de la souveraineté du Peuple ?

Non, certes, je ne veux pas de puissance *au-dessus* du droit éternel ; je ne veux pas d'un souverain *absolu* au-dessus des droits *inhérents à la nature* même de l'homme, quel que soit ce pouvoir et comment qu'on le nomme : — dictateur, peuple ou roi !

Je suis homme et citoyen à la fois. Homme, j'ai des droits naturels qui sont au-dessus de toutes les souverainetés, et ces droits antérieurs, imprescriptibles, ces droits sacrés : liberté de conscience, liberté du culte, liberté de penser, liberté de vivre, je ne puis les abdiquer sans m'aliéner moi-même.

Que les grands docteurs qui prêchent, après celui des Césars, l'absolutisme du peuple, pour nous ramener par le peuple à l'absolutisme des rois, nous expliquent pourquoi les religions, pourquoi les philosophies ont eu tant de martyrs, et pourquoi l'humanité, cette volonté collective des siècles et des peuples, a marqué sa plus haute période de civilisation par l'affranchissement de la conscience individuelle, par la consécration de ces droits naturels : la pensée, la croyance et le culte libres !

Citoyen, c'est-à-dire membre de la grande famille souveraine, j'ai pareillement *des droits* contre lesquels rien ne vaut, ni volonté collective, ni dictature d'un seul ou de plusieurs, car ces droits sont ma part elle-même de souveraineté ; je ne puis les abdiquer sans tomber esclave, sans devenir *une chose* dans la famille politique, et voilà pourquoi la *République* et le *suffrage universel*, instruments et garanties absolues de la souveraineté *pour chacun et pour tous*, — voilà pourquoi, dis-je, le suffrage universel et la République sont aussi sacrés au *citoyen* que les droits antérieurs et la constitution de *l'homme*.

Toute usurpation, de ce côté, serait un crime, et le Peuple entier moins un serait-il complice, il y aurait attentat à la loi sociale, au principe, au dogme de la souveraineté, car il y aurait un esclave ou bien un martyr !

Voilà le droit dans toute sa probité, dans toute sa rigueur.

Or, si le Peuple entier moins un ne peut, en l'aliénant, porter atteinte à la souveraineté qui réside dans chacun et dans tous, comment une majorité de *simples délégués* pourrait-elle ce que ne peut pas le souverain lui-même ?

Et ce n'est pas tout. L'Assemblée législative a prêté serment à la Constitution républicaine qui pose et garantit les droits et les devoirs ; cette Constitution, qui n'est pas une charte, un contrat, mais l'expression vivante et sacrée de la volonté collective, c'est-à-dire une véritable déclaration de la souveraineté, — cette Constitution, l'Assemblée législative ne l'a pas faite ; elle n'a reçu mandat ni pour l'interpréter contre son texte formel, ni pour la modifier selon ses caprices ; elle ne peut, elle ne doit que l'incarner dans les institutions, et la défendre contre l'empiétement des partis ou les forfaitures du pouvoir exécutif.

Voilà son rôle; or, si la Constitution est la lettre obligatoire, le code absolu de la Législative, comment sa majorité pourrait-elle violer elle-même cette Constitution, comment pourrait-elle exercer la souveraineté dans toute sa plénitude? Comment la décision de cette majorité serait-elle la loi des lois?

Cette argumentation est l'évidence, et nous mettons au défi les sophistes les plus habiles de la rompre sans aller aux hérésies.

Mais si cette théorie de l'absolutisme au profit des majorités est condamnée par la science sociale, par la Constitution et par tous les principes du gouvernement républicain, elle est surtout odieuse et redoutable par ses conséquences.

Ainsi, la majorité pourrait, *en vertu de son droit souverain*, supprimer la liberté des cultes et nous rendre la Saint-Barthélemy, les dragonnades, l'assassinat des Albigeois et le carnage des Hussites!

La majorité pourrait, *en vertu de son droit souverain*, supprimer la liberté du citoyen et celle de la pensée, c'est-à-dire nous rendre la censure et les verroux de l'ancien régime, la Bastille et la Sorbonne.

La majorité pourrait, toujours *en vertu de son droit souverain*, supprimer la République et le suffrage universel, c'est-à-dire absorber tous les droits, effacer, d'un trait, la souveraineté du peuple.

Et c'est quand ce monstrueux anthropomorphisme est prêché comme le dogme de vérité, c'est quand toutes les servitudes se condensent sous une seule tyrannie, qu'on vient dire au Peuple, au souverain : La loi de cette tyrannie sera la loi, l'insurrection est toujours un crime, tu n'as pas le droit de résistance!

S'il en est ainsi, Peuple, fais amende honorable, la corde au cou, le cilice aux reins, pour les trois grandes Révolutions que tu as accomplies depuis un demi-siècle; brûle les livres qui t'ont inspiré tes saintes révoltes, les monuments et les codes qui les ont consacrées; ouvre les tombeaux de tes philosophes et de tes martyrs, jette leurs cendres au vent, déchire leurs images, renverse leurs statues; te voilà redevenu vassal d'esprit et de corps, te voilà devenu la *chose de tes délégués*, qui t'ont pris à bail pour trois ans!

Ah! vous voulez tuer le droit d'insurrection, et vous formulez d'un seul mot, en un seul principe, le code de toutes les tyrannies, et vous fondez sur la République elle-même le despotisme des commis ! — Mais vous outragez le Peuple jusqu'au dernier scandale, en le dépouillant, et quand viendront les crises, vous aurez légitimé les plus terribles résistances.

Ceci est une question de vie ou de mort ; — aussi dirai-je au Peuple en finissant :

V.

Citoyens, mes amis, mes frères, veillez, veillez nuit et jour ; évitez les discordes intestines, ralliez-vous, en légion, sous le drapeau de la République ; car le gouvernement est aux ambitions empiriques et folles qui tentent les 18 brumaire sans s'être trempées dans la gloire ; car votre Assemblée législative, en se déclarant souveraine et seule interprète de la Constitution, s'est réservée le droit de vie et de mort sur la République, sur toutes vos institutions, sur tous vos droits, sur le suffrage universel, qui est votre dernière force avant le désespoir ! Car toutes vos administrations, toutes vos hiérarchies, tous vos états-majors sont à la trahison flagrante ; car votre Révolution de février n'est que la curée des royalistes. Et ce n'est pas au milieu de vous, autour de vous seulement que s'agitent et se précipitent les factions ennemies qui vous guettent comme une proie perdue ; elle est dans toute l'Europe, à Saint-Pétersbourg, à Berlin, à Naples, à Vienne, à Londres, la grande conspiration qui veut abattre la République française, qui veut *en finir avec la Révolution*.

Jetez les yeux sur la carte des guerres et voyez ! Pour ne pas réveiller dans le monde les alarmes jalouses, on nous a fait rester couchés dans le lit de la défaite, comme au lendemain de Waterloo. Puis, nous avons laissé tomber, tour à tour, les révolutions écloses sur nos frontières au souffle puissant de nos idées. La Prusse, le grand-duché de Bade, la Bavière, les Villes libres, la Savoie, le Piémont, l'Italie entière, tous les Peuples fils de notre génie révolutionnaire s'étaient levés. Nous les avons livrés l'un après l'autre au coup rapide des coalitions royales, et, de Berlin à Rome, où nous campons *pour la catholicité*, tout est fauché ; il n'y a plus que des gibets, des cachots et des tombes !

Une seconde ligne de bataille apparut tout à coup, et, cette fois, profonde, coupant en deux l'Europe des rois, car elle éclairait, de ses feux, depuis les sapins du nord jusqu'aux flots de l'Adriatique; c'était Venise, c'était la Hongrie, c'était le vieux Danube en révolte comme le Rhin, c'était le tocsin de la Révolution, appelant, du haut des Carpathes, vingt nations à la fête du dernier combat, et réveillant sur sa croix sanglante leur sœur aînée, la Pologne. — Eh bien! la Pologne a donné sa dernière garde, celle de ses tombeaux; la Hongrie a prodigué ses victoires et le sang de ses veines; Venise a vécu sous une pluie de feu; tous les miracles de nos grandes guerres ont été renouvelés par ces peuples de héros, et la France républicaine a gardé le silence des neutres! Et deux grands empires de l'Europe ont pu se liguer pour abattre un homme, une patrie, la Hongrie, Kossuth. — Et maintenant, cette seconde ligne de bataille est fauchée comme la première, et de Venise à Varsovie, comme du Rhin au Tibre, il n'y a plus que des gibets, des cachots et des tombes!

Voilà l'histoire, amis! Tous nos alliés sont à la chaîne ou morts. Acculés sur un dernier mamelon, nous sommes seuls en Europe, seuls, — entre l'Angleterre, qui, féodale ou marchande, nous hait, car notre Révolution la subalternise en affranchissant le monde, — et la vieille coalition du continent, qui masse ses armées comme en 1815, comme en 93! Souvenez-vous, d'autre part, que nous avons, cette fois, Coblentz et tous ses héritiers, tous ses cadets dans les administrations, dans les Assemblées, partout.

Ainsi, veillez, Républicains, et que tout homme qui aime la patrie veille avec vous! car, peut-être, au printemps prochain, avant que la moisson n'ait fleuri pour les maîtres, vous entendrez, sur les champs de bataille engraissés par le sang des peuples, battre le rappel des grandes guerres, et l'enjeu, cette fois, sera la *patrie*, la République, l'avenir du monde.

Ne vous laissez donc pas entraîner aux querelles vaines, aux débats irritants, aux systèmes qui divisent, et ne songez qu'à défendre, à sauver la Révolution. Elle gardera fidèlement dans son sein tous vos principes, toutes vos idées, toutes vos espérances; mais, pour Dieu! réfléchissez qu'elle seule peut les garder, car elle est la mère, elle est la nourrice même de nos rêves, et, quand le combat sera fini, la liberté vous les rendra pour que vous les portiez devant le Peuple, votre juge et le nôtre.

Encore une fois, serrez vos rangs, il y a danger. — Les rois, au dehors, dans leurs conseils, ont *condamné* la patrie de la Révolution, et les royalistes, au dedans, creusent, en pleine Assemblée, la fosse de la République.

Pour que les bouchers de Berlin, de Prague et de Milan ne rallient pas à l'improviste leurs armées encore éparses, pour que le canon ne vous surprenne pas au milieu de vos dissertations, prenez vos mesures vous-mêmes ; défiez-vous de ceux qui font diversion à ce grand devoir ; la première Révolution en connut de pareils ; ne comptez pas sur votre gouvernement, sur ses journaux, sur ses diplomates ; faites signaler, chaque jour, par vos orateurs à la tribune, par vos sentinelles de la presse républicaine, les évolutions de la politique ennemie, ses stratégies intérieures, ses mouvements de corps armés ; préparez le Peuple à la guerre sainte ; si l'on vous demande vos fusils de gardes nationaux, ne les rendez pas ; et qu'à la première alerte du côté du Rhin, à la première menace contre la Suisse, par exemple, car ils veulent vous tourner, la France se lève, dans une vaste ligue, toute hérissée d'armes, comme une forêt de baïonnettes.

A l'intérieur, vous conjurerez le péril en vous ralliant sous la bannière de la Constitution, bannière déchirée par le boulet qui tua Rome, mais encore debout aux mains de la Montagne, et portant dans ses plis, avec les armes de la Révolution, les deux grandes devises de Février : *Suffrage universel,—République française.*

De cette Montagne, on a dit, je le sais, qu'elle s'était suicidée — Suicidée ! — en protestant au nom de la République, au nom de la Révolution, contre l'assassinat de Rome, contre la honte et contre le crime du fratricide ?—En tombant, dans le drapeau de la Constitution, sous les violences de la force et de la dictature ! — Ah ! ce n'est pas le devoir accompli, quoique malheureux, qui tue ; c'est la contradiction s'acharnant à tout, étouffant sous l'orgueil toute foi, tout dévouement ; c'est la dispute byzantine enfin quand a sonné l'heure des crises. Oui, dans cette journée, la Montagne a perdu quelques hommes, et des meilleurs, qui sont aujourd'hui sous les murs épais de Doullens ; mais la hampe du drapeau est restée dans ses mains que le sacrifice a retrempées ; mais la vie morale est sauve ; mais, grâce à la prison, grâce à l'exil, peuplés par ses martyrs, elle a le droit de dire : J'ai gardé la Constitution jusqu'au Calvaire ; je suis la légion sacrée de la République.

Citoyens, groupez-vous donc. Dans quelques jours, aux termes d'une loi de déchéance, vous serez appelés dans seize départements à remplacer vos élus de mai, les grands coupables du 13 juin. — Les royalistes se partagent déjà les trente écharpes des condamnés.—Cependant la victoire est dans vos mains; c'est à vous de voir si vous voulez écrire vos noms au bas de l'arrêt de Versailles et sur la grande tombe romaine; c'est à vous de voir si vous rou...z sceller de votre sceau souverain les registres de la déportation.

Songez qu'il s'agit d'*affirmer* de nouveau la République démocratique et sociale par un grand acte de souveraineté, de venger la Constitution violée, de protester une dernière fois contre le guet-apens de Rome, et de relever, dans le monde, la foi française lâchée par le sang d'un meurtre.

Ralliez-vous donc énergiquement en comités; encore un coup, la patrie est en danger! Marchez avec ensemble, dans une seule volonté, comme une phalange à l'assaut; et que celui de vous, électeur ou candidat, qui fera scission ou refusera son concours, que celui-là soit déclaré par tous *renégat de la Révolution et traître à la République.*

Ce jugement, soyez-en certains, ne fera que devancer celui de l'histoire.

LEDRU-ROLLIN.

Londres, novembre 1849.

—

SIMPLES EXPLICATIONS

A MES AMIS ET A MES COMMETTANTS.

———

A des juges un accusé présente sa défense.

L'accusé politique a des amis et des ennemis ; il n'a pas de juges.

Je n'ai donc qu'à donner des explications à mes amis, à mes commettants, au Peuple, à qui, pur de toute ambition personnelle, sur quarante ans de ma vie j'en ai déjà consacré vingt.

Je n'ai jamais su le mensonge. Je n'en commencerai pas aujourd'hui l'apprentissage. Je dis les choses, mes actes, et mes motifs. J'établis en quelques mots la situation.

I.

État de la révolution.

Il y a soixante ans que nous sommes en révolution.

L'esprit de liberté, d'égalité et de fraternité était, depuis 1800 ans, déposé par le Christ dans la conscience humaine.

Comprimé par la Féodalité, faussé par la Théocratie, ressuscité par la Science et par la Philosophie du dernier siècle, il a fait explosion dans la société civile et politique en 89.

Depuis cette mémorable époque, le nouveau monde, le

monde de la justice et de la liberté se dégage du vieux monde, du monde des privilégiés, de l'oppression, de toutes les exploitations du Peuple par toutes les aristocraties.

Il s'en dégage invinciblement.

Cependant les privilégiés, les égoïstes, les exploiteurs de tous les régimes, s'opposent constamment, de toutes leurs forces incessamment coalisées, à l'édification de l'Ordre nouveau.

D'une transformation nécessaire, irrésistible qui se fait bon gré mal gré, qui se développe comme une force cosmogonique, et qui eût été favorable à tous s'ils l'eussent comprise, acceptée et conduite, les insensés ont fait et continuent à faire une lutte, une révolution.

A chaque degré d'affranchissement conquis, vainqueurs ou parvenus, les combattants de la veille, *satisfaits* du jour, se sont faits les apostats du lendemain.

L'avant dernière trahison a été celle des chefs de la bourgeoisie en 1830.

Maîtresse du Pouvoir en 1830 la haute bourgeoisie, qui pouvait clore si facilement la lutte en organisant le progrès, est rapidement descendue dans les abîmes d'égoïsme et de corruption, perdant toute notion du devoir, reniant les principes de la Révolution, méprisant le Peuple et sa cause, repoussant avec la dédaigneuse ignorance des parvenus jusqu'à l'idée même des réformes nécessaires.

Cette Oligarchie gorgée et aveugle, a employé dix-huit années de pouvoir à remettre forcément à l'ordre du jour du progrès et de la liberté la révolution et la guerre.

La soudaineté de la victoire de février, les ravages de la corruption, le concert général des effarouchés, des égoïstes et des lâches ; les intrigues des factieux du passé, des partisans de toutes les monarchies ; l'exploitation de fautes inévitables ; l'ignorance des questions sociales chez les hommes de bonne volonté qui furent les premiers dépositaires de la Révolution ; tout jusqu'à l'extrême mansuétude de la démocratie triomphante, concourut à en remettre bientôt la direction à ces mêmes influences oligarchiques dont l'égoïsme et l'incapacité l'avaient provoquée.

Nous avons aujourd'hui 1817 et 1815.

C'est le Conservateur philippiste, le fils de l'Émigré et le fils du Croisé qui gouvernent aujourd'hui la République démocratique. Quant aux républicains, aux démocrates de toutes les nuances convaincues et sincères, quant aux hommes qui ont au cœur l'amour du Peuple et le sentiment de ses droits, ils ont presque tous à l'état de condamnés ou d'accusés politiques, ce qui est la même chose.

II.

Usurpation et violation de la Constitution.

Cependant une Constitution avait été faite. Malgré des imperfections aujourd'hui trop évidentes, nous l'avons franchement acceptée. J'avais pour ma part concouru à la préparer. C'était l'ancre du salut, la garantie de l'ordre et des droits. Elle contenait d'ailleurs le principe de son propre perfectionnement et laissait la porte ouverte à tous les progrès. Si l'on s'y fût loyalement rallié de toutes parts, la Révolution était finie, la paix faite, et l'œuvre réparatrice, l'œuvre de l'organisation et de l'édification pacifique de l'Ordre Nouveau commençait.

Les intrigants, les royalistes, les journaux honnêtes et modérés n'ont, dès sa proclamation, épargné à cette Constitution aucune insulte. M. Thiers qui mène aujourd'hui le gouvernement chargé de l'appliquer, est l'homme de France qui a traité avec le plus de mépris « *ce méchant chiffon de papier.* »

La défendre, en développer les bons principes, faire du progrès sur son terrain, les démocrates en immense majorité n'ont pas eu d'autre pensée, et la *Démocratie pacifique*, en particulier, n'a pas donné d'autre mot d'ordre.

Mais, *le défendre !* nous avions pris ce mot-là au sérieux et nous la vîmes bientôt aux mains des infidèles.

Je passe sur la série des avanies dont cette Constitution et la trop faible Assemblée constituante ont été l'objet de la part du pouvoir exécutif et du grand parti de la légalité, de l'ordre, de l'honnêteté et de toutes les vertus civiles et héroïques.

Je passe et j'arrive au bout.

Je demande si, oui ou non, la volonté de l'Assemblée souveraine a été outrageusement méprisée par M. Louis Bonaparte et par les ministres qui devaient exécuter cette volonté ; et si, oui ou non, la Constitution a été indignement violée par eux ?

Les aveugles eux-mêmes reconnaissent la présence du soleil au firmament. Je m'en rapporterais volontiers, pour répondre, à ceux qui ont perdu la vue de la conscience, tant la violation est éclatante et odieuse.

Quoi ? l'Assemblée constituante apprenant la première attaque de Rome (une simple reconnaissance armée, disait le Pouvoir) s'est levée indignée. Elle a dit au Pouvoir exécutif : « Nous n'avons pas voulu que les forces de la France attaquassent la République romaine ; vous vous étiez engagé à respecter la Constitution qui vous le défend, et notre volonté qui vous le défendait. Faites rentrer immédiatement l'expédition dans son but ; »

Eh bien ! au mépris de cette volonté souveraine, au mépris de l'article 54 de la Constitution qui interdit au Pouvoir exécutif de déclarer aucune guerre sans le consentement de l'Assemblée nationale, ce Pouvoir a subrepticement envoyé, au chef incapable de nos braves soldats, l'ordre d'attaquer et de prendre, coûte que coûte, la ville éternelle !... — Et la Constitution n'est pas violée ? et vous avez, honnêtes gens, l'impudence de le soutenir ? Vous savez bien que vous mentez.

Mais le pacte fondamental eût défendu, à l'Assemblée nationale elle-même, de faire spontanément la guerre à la République romaine, à une République régulièrement sortie du suffrage universel, à une République beaucoup plus unie, beaucoup plus courageuse, beaucoup plus dévouée, et, historiquement par conséquent, beaucoup plus légitime encore que n'est la nôtre ! chacun connaît l'article V du préambule : « La République française respecte les nationalités étrangères *COMME elle entend faire respecter la sienne ; — elle n'emploie jamais ses forces contre la liberté d'aucun Peuple.* » — Est-ce clair ?

Ce que l'Assemblée souveraine n'eût pas eu le droit de faire, le Pouvoir exécutif l'a donc fait, non du consentement, mais au mépris formel de la volonté de son Souverain légitime, de l'Assemblée !

Et la Constitution n'est pas violée ? Et M. Louis Bonaparte n'est pas un usurpateur ? — Menteurs, taisez-vous ?

Usurpation et violation de la Constitution !... Il n'y a plus de légalité en France ; à l'heure qu'il est, le régime légal est supprimé. De quel droit parlez-vous de loi et de Constitution rebelles ?

Et cette violation flagrante du droit fondamental, cette usurpation éclatante, elle constituent, en outre, par leur but, une indigne trahison de la cause des Peuples

Cette guerre impie de la République mère, à la noble République romaine qui, historiquement, et dans un temps donné, n'en sera pas moins, entendez-vous, sa fille aînée en Europe ; c'est la cause démocratique trahie, la Révolution livrée aux

Rois, c'est une coalition sacrilège, cimentée du sang de nos braves soldats, avec les Autrichiens et les Cosaques, avec les Aristocraties et les Royautés, contre les Peuples.

L'histoire qui cassera cet acte le flétrira comme elle flétrira ceux qui l'ont accompli, comme elle flétrira ceux qui l'ont souffert. Elle dira que rien d'aussi infâme n'a été osé en dix-huit ans par Louis-Philippe. Elle dira qu'après dix-huit ans de politique souterraine et d'efforts contre-révolutionnaires pour se glisser dans le parti des rois, M. Guizot envoyant des armes clandestines au Sunderbund en 1848 était encore bien loin du héros de Strasbourg et de Boulogne, de l'ancien révolutionnaire romain, bombardeur de Rome en 1849. Et en 1847 encore, M. Guizot, Louis-Philippe et leurs satisfaits n'étaient pas en présence des articles V et 51 d'une Constitution démocratique et républicaine.

La révolution européenne trahie ; les Peuples livrés aux rois et à leurs exécuteurs ; la souveraineté nationale usurpée sur l'Assemblée par un aventurier ; la Constitution violée et avilie après cinq mois de provocations insolentes du Pouvoir exécutif et de ses prétoriens, et cinq mois de faiblesse, pour ne pas dire plus vrai, de l'Assemblée constituante : voilà ce que la restauration de l'Oligarchie bourgeoise aux affaires et sa honteuse alliance avec les fils des émigrés, les jésuites et les cosaques, ont donné à la France !

En fait, une majorité compacte, unie par la peur ou la haine du peuple, inintelligente de la Révolution, en grande partie royaliste et délibérément ennemie, s'est empressée d'attacher à cette politique d'usurpation et de trahison sa propre complicité. Les représentants du télégraphe ont consacré, par deux votes, la violation de la Constitution, poussant honteusement d'ailleurs jusqu'à l'oppression, en présence du corps du maréchal Bugeaud qui les avait lui-même rappelés à la pudeur, le mépris du droit parlementaire de la minorité.

Qu'avait à faire la Minorité, la Minorité républicaine et constitutionnelle ?

Ce qu'elle avait à faire ? — On peut être maître de mon corps ; mais de mon âme et de son verbe, jamais. Je ne suis pas de ceux qui courbent la tête devant la force. Accusé et poursuivi, je dirai hautement ce que j'ai proposé à mes amis dans les conférences des Représentants démocrates, du 11 au 13. — Greffier écrivez. — Je ne me plais à aucun genre de bravade ; je ne recherche pas la persécution ; j'aime mieux vivre et accomplir ce que j'ai à faire pour l'humanité que de mourir, même glorieusement, pour elle ; et si je fournis ici, à l'espèce de juges que j'aurai, de quoi me condamner à l'aise, c'est que je dois à mes amis la vérité. Les juges politiques n'ont d'ailleurs pas besoin de motifs pour condamner. Voyez Raspail.

III.

Ce qu'il fallait faire pour défendre la Constitution.

Voici donc ce que je disais :

Si les majorités sont omnipotentes et sacro-saintes, si leur volonté fait le droit, si leur vote légitime tout, justifie tout, à quoi bon une Constitution ?

Mais non : la Constitution c'est le pacte fondamental, l'arche des principes, l'inviolable garantie des minorités, des droits de tous. La Constitution, dans son esprit et ses principes, c'est la clef de voûte, la loi des lois, la condition à laquelle les citoyens se soumettent aux lois secondaires, à laquelle les Minorités acceptent le gouvernement des Majorités.

Si la Constitution est violée par ceux-là même à qui au premier chef en est confiée la garde, il n'y a plus de régime légal. Si les majorités, en la foulant aux pieds, foulent aux pieds les garanties des Minorités et les droits de tous, leur droit s'évanouit, leur autorité tombe. Elles brisent elles-mêmes, en ce qui les concerne, toutes les obligations juridiques. Le Peuple, chaque fraction du Peuple, chaque individu rentre de plein droit dans sa liberté. La conscience de chacun redevient la seule règle de son devoir ; et les violateurs de la Constitution, gardant un pouvoir qu'ils n'avaient qu'aux conditions de la Constitution, ne sont plus qu'une fraction du Peuple usurpatrice, c'est-à-dire une fraction tyrannique. Voilà le droit.

Le droit constaté, que devait être la *conduite* ?

Voici ce que je proposai, dès le 11, à une heure après midi, à mes amis politiques réunis au quatorzième bureau, un instant avant les interpellations de Ledru-Rollin, pour le cas prévu et certain d'un acte par lequel la Majorité répondrait aux interpellations en couvrant l'usurpation du Pouvoir exécutif et s'associant à la double violation du pacte constitutionnel.

Je proposai :

— De proclamer la violation flagrante de la Constitution sur deux points capitaux : art. V du préambule et art. 51 des chapitres ;

— De proclamer la complicité de la Majorité dans cette double violation ;

— De déclarer le peuple, la garde nationale, les fonctionnaires et l'armée dégagés des liens constitutionnels à l'égard du Pouvoir exécutif et de la Majorité, tenus de refuser obéissance aux ordres du gouvernement et aux lois et décrets votés par toute collection des Représentants extra-constitutionnels, tant que ceux-ci ne seraient pas rentrés, par une rétractation, dans la Constitution, hors de laquelle ils s'étaient mis délibérément ;

— De déclarer l'Assemblée, réduite aux Représentants constitutionnels, en permanence et munie provisoirement de tous les pouvoirs qui lui font retour de plein droit aux termes de l'art. 68 de la Constitution.

J'ai proposé que ces résolutions (je les avais rédigées sous forme de décrets) fussent prises et promulguées par la Minorité constitutionnelle, dans le Palais législatif, immédiatement après la levée de la séance qui suivrait le vote attentatoire à la Constitution.

Je ne me dissimulais point que, cette attitude prise, il y avait toute probabilité qu'avant deux heures, cernés au Palais législatif, nous fussions au pouvoir de nos adversaires. Je n'en ai pas moins repris, le soir, cette opinion que le temps n'avait pas permis de mettre, le matin, en délibération régulière. Je l'ai soutenue toute la journée du 12 et défendue jusqu'à la fin de la conférence de la nuit du 12 au 13, terminée de trois heures à trois heures et demie du matin, dans les bureaux de la *Démocratie pacifique*, où la réunion des Représentants s'était transportée.

J'ai soutenu qu'en faisant ce que je proposais, et le faisant dans le sanctuaire même de la loi, nous aurions non-seulement pour nous le droit, mais encore le caractère extérieur et physique du droit, et que, nous victimes, les violateurs de la Constitution seraient vaincus par leur propre victoire.

J'ajoutais qu'en faisant au dehors beaucoup moins que ce que je proposais, en nous bornant à nous associer à une protestation pacifique, nous n'aurions pas un moindre droit sans doute, mais que l'on nous donnerait facilement l'apparence de factieux.

À trois heures du matin, le 13, l'action au Palais législatif paraissait avoir rallié l'opinion de ceux qui étaient encore présents; mais elle resta à l'état d'opinion personnelle; on remit à délibérer; on se dispersa, harassés de fatigue, et rien ne fut arrêté par la réunion, que la déclaration livrée aux journaux à une heure de la nuit, et qui parut dans les feuilles démocratiques du 13.

IV.

Ce qui se fit. — Affaire du Conservatoire.

On devait, dans la matinée, porter et prendre les nouvelles, rue du Hasard, au local ordinaire des réunions de la Montagne, et s'y rencontrer. On en partit, entre une et deux heures, pour aller au Conservatoire sans avoir rien décidé davantage. Une manifestation s'est rassemblée; elle est nombreuse et toute pacifique; le peuple pense que c'est surtout aux Représentants constitutionnels et à la garde nationale de faire la protestation; il leur laisse le champ libre et s'abstient. Telles étaient les nouvelles du matin.

Les Représentants réunis rue du Hasard, et ceux qui, comme moi, y arrivèrent au moment du départ, partirent spontanément et d'un avis commun sous l'empire de ces nouvelles. Au Palais-National, nous vîmes des citoyens criant que l'on venait de charger, de tuer des hommes désarmés sur les boulevards.

Gagner le Conservatoire où l'on nous disait la 5ᵐᵉ et la 6ᵐᵉ légions réunies sans armes; se mettre à leur tête et marcher en faisant entendre les cris de : « Vive la Constitution ! Vive la République romaine ! » voilà la seule idée générale commune, avec laquelle on se mit en marche pour le 5ᵐᵉ arrondissement.

Quant aux artilleurs parisiens, que l'on prit en passant au Palais-National, ils étaient munis de leurs carabines par la bonne raison qu'ils avaient été régulièrement commandés; leurs camarades, partis directement pour la manifestation, étaient en uniforme, mais, j'en suis certain, sans armes. Moi-même, consulté le matin par un billet, entre huit et neuf heures, sur la question de savoir s'il fallait être armé, j'avais écrit au-dessous de la demande : « pas d'armes ! pour l'amour » de Dieu et de la Constitution, pas d'armes ! Il faut une ma-

» nifestation imposante et pacifique : des armes perdraient
» tout. »

Ce sentiment s'exprimait à chaque instant au milieu de
nous. Rattier et Boichot, deux nobles cœurs, en butte à bien
des calomnies et des haines parce que leur élection a une
immense portée démocratique, le formulèrent dix fois dans le
trajet du Palais-National au Conservatoire. Ils avaient pris
un de mes bras chacun, nous ne cessâmes de faire taire, sur
toute la ligne, les cris de : Vive la Montagne ! qui nous ac-
cueillaient chaudement, et d'y faire substituer ceux de : Vive
la Constitution ! Vive la République romaine ! Nous nous ré-
pétâmes plusieurs fois que notre rôle pour cette journée était
tracé ; qu'il n'y avait pas à délibérer ; que nous devions écarter tout appel aux armes, nous placer en tête de la manifestation et y recevoir, si cela se rencontrait, des coups de baïonnettes et des décharges en pleine poitrine.

Et il est certain que cela se fût fait, si nous eussions trouvé,
comme nul n'en doutait, les hommes des légions au Conservatoire.

La foule entra, avec nous, dans les cours de l'établissement. Plusieurs fois, sans y parvenir, les représentants es-
sayèrent de se réunir. L'opinion commune était que les gardes
nationaux ne pouvaient tarder à venir. Chacun était persuadé
qu'un rendez-vous avait été donné sur ce point. On demanda
une salle à M. Pouillet pour s'entendre. Je ne comprends pas
pourquoi M. Pouillet a été destitué. Pour toute force à ses
ordres il avait son fils, un enfant de 15 à 16 ans. Il nous a
reçus en homme de bonne compagnie, sans faire un fracas inutile et qui eût été ridicule, et nous a engagés à plusieurs reprises, au nom de ses collections et de notre propre sûreté, à
aller ailleurs.

Je proposai que des émissaires fussent envoyés pour nous
renseigner sur ce qui se passait et hâter, si possible, l'arrivée
des gardes nationaux. C'est la seule chose qui fut faite parce
que, à plusieurs d'entre nous, nous expédiâmes nous-mêmes
des hommes de bonne volonté. J'entendis des inconnus demander une proclamation. On n'avait pas même une plume et
un morceau de papier et nous étions toujours dispersés dans
les cours, les péristyles ou dans la salle du fond qui longe le
jardin. Je n'ai pas vu la proclamation qu'on dit avoir été saisie, et j'affirme, pour avoir été toujours à côté de lui ou dans
son voisinage, que Ledru-Rollin ne l'a pas vue davantage.

Les journaux autrichiens et cosaques de Paris ont donné
des détails qui font honneur à leur imagination : Une Con-

vention ; des délibérations ; des décrets ; un gouvernemé
provisoire ; une proclamation incendiaire signée par les R-
présentants présents et imprimée séance tenante au Conse
vatoire ; puis une panique, des figures blêmes, des langue
glacées, une fuite pleine de désordre et de terreur...

Tout cela est faux.

Je dis, à ma charge, assez de choses que je pourrais taire
qui ne pourraient pas être établies judiciairement contre mo
par la raison qu'elles n'ont eu pour témoins que des Représentants de notre réunion, qui ne sont constantes que parc
qu'il me convient d'expliquer ma conduite à mes amis, et qu
suffiront dix fois à des juges politiques pour motiver une condamnation ; je parle assez vrai pour avoir le droit d'être cru
Ces récits dérisoires et triomphants sont faux.

Les minutes s'écoulaient. Rien ne se faisait. Il y avait de
conversations à deux, à trois, à six, des allées et des venues
pas une délibération, pas une résolution prise en commun.
Quelques individus ont crié aux armes, demandant des cartouches et l'ordre de faire des barricades ; mais on allait au-
devant des survenants pour avoir des nouvelles, on attendait
toujours, et les gardes nationaux de la manifestation ne venaient pas. Pendant les 25 minutes que nous passâmes là
avant l'invasion des troupes, ce fut à peu près la scène de ma
sœur Anne.

Cependant je n'avais pas tardé à comprendre que nous allions être cernés, pris, tenus pour des factieux en flagrant
délit d'insurrection et traités comme tels. A plusieurs reprises
j'émis l'avis de sortir, d'aller chercher la manifestation sur
les boulevards ou la garde nationale au 6e arrondissement.
Tout se passait sans ordre à cause du mouvement continuel et
du nombre ; mais sans trouble dans les esprits. On n'avait pas
l'air triomphant, sans doute ; mais je n'ai vu les signes de la
consternation, de l'effroi ni même de la démoralisation sur
aucune figure, du moins autour de moi et aux points où je me
suis trouvé. Je m'en rapporte au témoignage de M. Pouillet,
il était parfaitement calme, qu'il dise si nous l'étions moins
que lui.

Au moment où ceux avec qui je causais se rangeant à mon
opinion, nous allions sortir, des coups de fusils se firent entendre du côté de la grille de la rue du faubourg Saint-Martin.
Ledru, Guinard, quelques autres et moi, nous nous y diri-
geâmes immédiatement. La ligne y fut presque aussitôt que
nous, faisant face à la grille. Les artilleurs, crosses en l'air,
criaient Vive la Constitution !

Nous touchions le premier rang des soldats du 62ᵉ, ils entrèrent en colonne et nous refoulèrent par la gauche. Nous cédâmes à la pression lentement, en nous maintenant au dernier rang de la retraite devant la première section de la colonne, et nous nous retrouvâmes bientôt dans la grande salle du rez-de-chaussée qui donne à l'est sur le jardin ; nous nous y arrêtâmes, quatre ou cinq sections entrées avec nous occupant la moitié nord de la salle.

Depuis l'entrée des troupes nous nous considérions comme prisonniers. Je ne comprenais pas, au milieu du bruit, la manœuvre commandée à la troupe. Nous restions dans la salle cinquante à soixante à peine, Représentants, artilleurs et hommes du peuple. Quoique au premier rang, immobile et très-calme, je n'entendais pas les injonctions des officiers.

Tout à coup, la première section recule de deux pas, croise la baïonnette, et une partie de la section, qui avait sans doute mal entendu le commandement, fait le mouvement d'*apprêter armes* et nous couche en joue. Je pensais que nous allions être fusillés sur place. Je ne pouvais cependant me rendre compte du motif, la chose n'ayant point été faite à l'entrée, dans la première cour. Quelques-uns de mes voisins, de la première travée, se baissèrent, je me baissai comme eux. Dans la seconde, je me relevai et croisai les bras, faisant face au bout des fusils. Derrière moi on se tint généralement aussi très-bien. Quelques jeunes gens, à ce mouvement, se jetaient dans les carreaux de vitres pour sauter au jardin de niveau avec le sol intérieur. L'un d'eux, à côté de moi, à moitié hors de la fenêtre, fut piqué d'un coup de baïonnette qui ne dut que l'égratigner, une table empêchant l'arme de l'atteindre à bonne portée, et deux ou trois soldats seulement semblant y mettre quelque acharnement. J'engageai ceux-ci, du geste, à relever leurs fusils. Ce fut alors que je compris qu'on voulait nous faire évacuer la salle où l'on nous avait refoulés. Nous retournâmes donc paisiblement, par la cour en face, à la grille d'où l'on venait de nous écarter.

Les sections du 62ᵉ s'y rendirent avec nous par notre droite et, à mon grand étonnement, sortirent sans que les chefs nous eussent rien notifié.

Beaucoup de Représentants, presque tout le peuple, la plus grande partie des artilleurs, avaient été dispersés par cette manœuvre. La grille fut fermée sur nous. Au dehors, dans la rue, stationnait une fraction de compagnie de gardes nationaux ayant, à sa droite, un citoyen en bizet, portant 55 ans sur une figure calme et douce, qui nous dit avec politesse que nous ne sortirions pas.

— Nous voici bel et bien prisonniers, fis-je à Ledru.

— Attendons et causons, nous n'avons rien de mieux à faire.

— Comprenez-vous qu'ils aient laissé sortir presque tout le monde et qu'on nous laisse nous-mêmes seuls et maîtres de l'intérieur ?

— Je n'y comprends rien. Nous avons entendu quelques nouveaux coups de fusils ; ils ont peut-être eu la pensée d'une attaque du dehors.

Quelqu'un nous dit qu'on avait favorisé la sortie des artilleurs et des hommes du peuple. Les artilleurs présents voulaient rester avec nous. Nous les engageâmes vivement à saisir le moment et à ne pas attendre, sans profit aucun, un ordre d'arrestation. « Partez, partez, leur dîmes-nous, nous » restons pour répondre. »

Nous étions donc prisonniers, mais prisonniers fort mal gardés.

Si c'est une honte à nous de n'avoir pas attendu bénévolement là les agents de police, je la dois prendre sur moi.

— Au fait, dis-je à Ledru, la maison a d'autres issues et nous en sommes maîtres. Pourquoi n'aviserions-nous pas à sortir ? Allons voir du côté du jardin.

Nous nous y dirigions quand quelqu'un, de l'établissement sans doute, nous apprit que « d'autres » (probablement ceux qui avaient sauté par les fenêtres quatre ou cinq minutes avant, pendant l'invasion des troupes) « venaient de sortir par » une porte du jardin ; allez à gauche, à l'angle à gauche » nous répétait-on.

La porte était ouverte. Nous sortîmes.

Nous n'avions pas fait soixante mètres, que nous étions reconnus à chaque pas et salués par des vivats pour le moment intempestifs ; trois fois je fus obligé d'arrêter un cortége compromettant qui se reformait toujours, et deux fois nous fûmes obligés de changer de direction ou de rebrousser chemin pour ne pas donner dans des cordons de troupes.

— Il faut nous jeter dans des maisons, me dit Ledru. Avant cinq minutes nos pérégrinations aboutiront dans une patrouille quelconque et notre arrestation, en sus, pourrait provoquer un conflit inutile.

Les amis inconnus qui marchaient avec nous comprenant alors de quoi il s'agissait, — la tranquillité de notre marche et de nos figures ayant jusque-là trompé tout le monde sur notre

situation, — s'entremirent aussitôt. Pendant qu'ils parlemen-
taient avec Ledru, devant une porte dont l'entrée, me dit-on
plus tard, fut refusée, un enfant de 15 à 16 ans, en blouse,
me prenant par la main et fixant sur moi deux grands yeux
où brillaient le dévouement et l'intelligence : « Avez-vous
» confiance en moi ? me dit-il, suivez-moi, venez. »

Il me fait entrer dans une allée, et au fond : « Voici ma
» blouse, dit-il en l'ôtant, et mon vilain chapeau gris ; vite,
» mettez-moi cela et vous passerez partout. » Il me répugnait
de prendre un déguisement. Je le lui témoignai. — « Eh bien,
» montons, fit-il ; dans ce quartier, c'est tous des amis. »
Effectivement, dans cette maison, dont il me faisait si résolu-
ment les honneurs et où je lui croyais son domicile, la première porte que nous rencontrâmes s'ouvrit pour nous recevoir.

L'abri offert, c'est tout simple ; mais l'empressement, l'effu-
sion, l'inquiète sollicitude dont je fus l'objet chez ces braves
gens, ne sortiront jamais de mon cœur. Rien ne les tranquil-
lisait. Ils cherchaient et préparaient de tous côté des cachettes
et se mettaient l'esprit à la torture.

Cependant, dès la première minute, mon jeune aide-de-
camp était parti muni d'un billet où je rassurais ma femme sur
mon compte. Il fit le double trajet du Temple à la rue de
Beaune avec une rapidité incroyable. Son retour me trahit.
Pendant que je l'avais de nouveau expédié pour avoir des
nouvelles sur l'état des choses et que je partageais la soupe
de mes hôtes, un honnête modéré disait dans la rue : « Il y a
» un représentant dans la maison. J'en étais sûr, mais le re-
» tour de l'enfant avec qui je l'ai vu entrer ne me laisse plus
» de doute. Je le dénoncerai à la première patrouille et je fe-
» rai faire une perquisition chez tous les locataires. »

La sollicitude de mes hôtes redoubla à cette nouvelle. Ils
cherchaient des expédients et mettaient, à la lettre, tout sens
dessus dessous.

« Tenez, leur dis-je, il y a quelque chose de beaucoup plus
» convenable et en même temps de plus sûr que de me fourrer
» dans un trou. Merci. Touchez-là. Nous nous reverrons. Ce
» que j'ai de mieux à faire, c'est de prendre mon chapeau, de
» passer tête haute devant ceux qui parlent de m'arrêter, et
» de m'en aller tranquillement. Soyez sans crainte ; ces par-
» tis-là réussissent toujours. »

C'est ce que je fis.

Deux fois je tentai de prendre la route du faubourg Saint-
Germain ; deux fois les cordons de troupe me firent rebrousser

vera l'Est. Je gagnai la demeure d'un ami. De toute la soirée nous ne pûmes rien savoir, sinon que Paris était coupé en deux par une ligne de troupes dans la direction du Nord au Sud et, sur le tard, que des Représentants (on disait 51 étaient arrêtés et Paris en état de siége.

Le lendemain je voulais me rendre à la *Démocratie*. On m'en dissuada. Je gagnai cependant mon quartier.

Mes amis, avec qui je me mis en communication, ne me permirent pas d'aller à l'Assemblée. Renseignements reçus, j'y tomberais, assuraient-ils, sur un décret d'accusation rendu ou prêt à l'être, et m'y ferais arrêter certainement. On m'assura que Ledru et quelques autres étaient partis. On m'apprit l'invasion de la *Démocratie pacifique*, le dégât de nos ateliers, le bris des formes et des casses, la dispersion des caractères et les aimables visites faites dans mon appartement, par des forcenés sans mandat, qui criaient à ma femme et à ma belle-mère en parcourant les pièces : « Nous cherchons » un homme et nous l'aurons par pièces ou par morceaux. »

Voilà la part que j'ai prise aux affaires du 13 et ma conduite. Je n'ai rien tû. Encore une fois, ce que j'ai proposé pendant deux jours ne pouvait être établi judiciairement que par mon témoignage. Il ne me convient pas de me faire. Le 11 déjà, à plusieurs reprises, quand je lisais et soutenais ma proposition au 11e bureau, des collègues me dirent : « Ne parlez pas si » haut, ne discutons pas cela ici ; des deux portes du fond il » est certain qu'on nous écoute. » — Qu'est-ce que cela me fait, » répondis-je ? Je ne cache pas ma proposition ; qu'on l'adopte » et je la porte, après le vote sur les interpellations, à la tri- » bune. » Je reste dans mon sentiment. Quand le devoir a dicté un ordre à ma conscience, j'obéis sans répliquer. Fais ce que dois, dis ce que sais, advienne que pourra : c'est ma devise. Je ne connais pas d'autre méthode de solution rapide dans les circonstances pressantes et graves. Je ne regrette rien de ce que j'ai fait. Je ne regrette qu'une chose, c'est qu'on n'ait pas fait ce que j'avais proposé. Mais qu'importe? Est-ce que la grande cause du Peuple et de l'Humanité a rien à perdre aux petits accidents de la lutte? Un coup de vent n'empêche pas la terre de tourner. Courage, enfants ! l'Humanité marche vers ses horizons radieux de liberté, de gloire, de bonheur et de fraternité. Rien ne l'arrêtera. Nos défaites d'un jour, que sont-elles elles-mêmes, sinon, pour les ennemis de la cause sainte, des illusions, des éblouissements, des piéges et de nouvelles occasions de tomber. Dieu est avec nous ; nous portons le drapeau de l'Avenir!

V.

Conclusion.

Je me résume.

J'ai voté la Constitution de la République française, et j'ai cru, en la votant, avoir contracté l'obligation impérative de la défendre.

Elle a été outrageusement violée, violée pour vendre la Révolution aux aristocrates et aux despotes. Elle a été violée : il n'y a pas d'interprétations, d'obscurités, ni d'ambages.

Quand le soleil arde au zénith, toutes les créatures sentent sa présence. Ceux qui disent que la Constitution n'est pas violée, nient le soleil. Libre à eux ; mais le soleil n'en est pas moins là.

Or, la majorité législative a dit : la Constitution n'est pas violée.

En face d'un Gouvernement et d'une Majorité coalisés contre la Constitution, contre la loi, le droit et la cause sainte de la liberté des peuples, l'insurrection était souverainement légitime.

Le droit l'autorisait. La Constitution l'appelait à son secours. Seuls, l'humanité, la raison de conduite et les mœurs d'une démocratie qui, de jour en jour, se sent plus chrétienne, s'y opposaient.

Cependant les défenseurs de la Constitution, les représentants fidèles du Peuple, du droit éternel, de la démocratie universelle, se fussent sentis des lâches s'ils se fussent bornés, devant un tel attentat, à des paroles vaines.

Il fallait un acte.

Cet acte, c'était, à mon sens, une insurrection pacifique, constitutionnelle et léga'e du droit, contre les violateurs de la Constitution, de la loi, du droit, contre les vrais fauteurs du trouble de l'État, contre les usurpateurs et les révoltés. Elle devait avoir lieu de façon ou d'autre.

A tout cela on n'a qu'une réponse qui est fort sotte ; on dit : « Mais, la Majorité ! »

La Majorité, c'est donc le droit souverain, absolu ? — Eh bien ! si une Majorité constituante, nommée régulièrement par la masse des prolétaires des villes et des campagnes, et non par le télégraphe et les autres moyens honnêtes, décrétait dans une colère vengeresse, l'expulsion générale des nobles, des grands propriétaires, des boursiers, des agioteurs et des spéculateurs ; le retour à la nation et aux travailleurs de toutes les fortunes privées, au delà du chiffre de 100 ou 150 mille francs en capital ; la confiscation des grandes usines et manufactures au profit de l'État et des ouvriers, etc., etc., ceux qui soutiennent aujourd'hui l'omnipotence des majorités, la légitimité sacro-sainte de leurs votes, persisteraient-ils ? La parole d'une majorité n'est donc pas l'*ultima ratio* du droit comme on le voudrait faire croire.

Vous étiez Représentants par la Constitution ; est-ce vrai ? Le contrat, qui faisait votre droit, étant violé par vous, vous n'êtes plus des Représentants. Où est votre droit particulier, quand vous avez brisé le droit de tous ?

Je sais bien que cette question les gêne. J'ai vu M. Barrot se lever contre l'état de siége à *la 36ᵉ heure de la canonnade de juin*, au moment où Bastide, ministre des affaires étrangères, venait de nous dire à la tribune : « Vous n'avez pas une minute à perdre. Dans une heure les insurgés peuvent être maîtres de l'Hôtel-de-ville. » Eh bien ! quand la journée du 13 elle-même a péremptoirement prouvé que le peuple ne veut plus de combat, l'ancien héraut de la légalité fait peser l'état de siége sur Paris pour étouffer cette simple question : « Où est aujourd'hui votre droit ?... » On la sent donc bien grave, cette simple question.

Réacteurs ! vous m'accusez, moi, depuis vingt ans serviteur de la vérité, de la paix, du droit, vous m'accusez de conspiration, de complot, d'attentat. Soit ! et vous me condamnerez. Mais je vous le dis : D'accord avec le témoignage secret de la vôtre, ma conscience vous condamne sur vos fauteuils et sur vos bancs. Et, avec la mienne, la conscience du Peuple vous condamne ; et la conscience de vos propres adhérents vous condamne également, car chacun d'eux confesse et répète : « Il » est cependant certain que la Constitution est violée »... Et l'histoire, si elle daigne consacrer à votre domination éphémère un coin de son souvenir, ratifiera cette condamnation de la conscience publique et ne verra en vous que des aveugles, des imbéciles et des traîtres.

Au reste, leurs récits mensongers, leurs bulletins grotesques, les colères factices, les insultes et les sarcasmes indignes qu'ils versent, à pleines mains, depuis cette victoire sans combat de la force sur le droit, confirment assez que leur victoire les gêne. Au fait, être obligé d'invoquer le droit et la Constitution, quand on en a fait des lambeaux, être contraint de porter le manteau de l'hypocrisie quand on y a fait de tels trous que chacun voit à travers, même pour des habitués ce doit être pénible.

Voici ce que je réponds à leurs fureurs et à leurs insultes ; c'est court ; mais qu'ils tâchent d'en sortir :

Ou notre descente dans la rue était une manifestation PACIFI-*QUE, alors cessez vos fureurs ;*

Ou bien c'était L'INSURRECTION : *alors cessez vos insultes ; car c'est la première fois qu'on a vu de nos temps des chefs politiques, des hommes parlementaires descendre publiquement et solennellement dans la rue* AVANT LA VICTOIRE ET POUR DONNER EUX-MÊMES LE SIGNAL DU COMBAT

Sortez de ce cercle.

Quant à moi, en allant l'écharpe aux reins me mettre à la tête d'une manifestation où mon devoir de Représentant nommé par Paris me montrait plus impérativement ma place, je savais bien que nous serions traités en factieux par le Pouvoir et sa Majorité. La Constitution violée, le mépris de la volonté d'une Assemblée souveraine, l'usurpation flagrante, pour eux ce n'est rien. Mais violer une loi sur les attroupements pour défendre la Constitution par une protestation pacifique de la garde nationale et des Représentants fidèles, c'est ce qui est affreux et criminel.

Il n'en est pas moins vrai, je le répète, qu'un Pouvoir exécutif et une Majorité violateurs de la Constitution qui fait leur droit, ne sont plus qu'une très-mince fraction du Peuple, détenant une autorité usurpée et tyrannique ; et que si tous ceux qui voulaient que la Constitution fût respectée et qui la tenaient, comme nous, pour violée, eussent, comme nous, fait leur devoir le 13, cette petite fraction du Peuple, révoltée contre la Constitution y fût rentrée le 14, ou eût été déchue *de fait* comme elle l'était *de droit* le 12, comme *de droit* elle l'est encore.

Et il est vrai, en outre, que tous ces réacteurs se disent aujourd'hui, dans leur conscience, —ceux qui en ont et qui l'interrogent avec calme :—« Ces hommes que nous poursuivons » sont sur le terrain de la Constitution et nous n'y sommes » plus. Ils ont pour eux le droit et nous n'avons que la force. » Ils ont de la droiture et du cœur, et nous manquons au » moins ou de l'un ou de l'autre. Et en tout cas, eussent-ils » voulu la guerre, l'un des nôtres l'a dit : *le Véritable auteur* » *de la guerre n'est pas celui qui la déclare, mais celui qui la* » *rend nécessaire* (1). »

(1) M. Mignet, *Histoire de la Révolution française,* tom. 1.

Amis ! vous connaissez ma conduite et ses motifs.

Depuis vingt ans vous m'avez vu combattre l'esprit de désordre et de subversion, prêcher la liberté, l'ordre, la paix, l'association, la sainte union des individus, des familles, des classes et des peuples, et, ce qui vaut mieux encore, en enseigner les voies et les moyens certains.

Vous savez que je n'ai qu'une ambition. Il est vrai qu'elle est grande : c'est l'inauguration, par la fondation d'une Commune heureuse, du Règne de Dieu sur la terre.

Mais en même temps que je suis phalanstérien je suis homme, je suis membre de la démocratie européenne, citoyen français et Représentant du Peuple. Or, sans me détourner une heure de notre but supérieur, que nous atteindrons ensemble, j'ai mon devoir de Représentant, de citoyen, de démocrate à faire.

Je l'ai fait. Je continuerai.

Parmi les seize de la commission qui ont préparé la Constitution, je me suis trouvé seul à la défendre. Les autres l'ont violée ou l'ont laissé violer. J'avais pris la chose au sérieux. Pour défectueuse qu'elle soit, elle n'en était pas moins l'ancre de salut de la société, le Palladium de l'ordre matériel et moral et la condition du progrès pacifique. Il la fallait défendre. Mon collègue Dupin, qui était aussi de la commission de Constitution, et qui est un type, les fait, les laisse défaire, les accepte et les jure toutes, et en refait tant qu'on veut. La Majorité l'a pris pour son Président. Elle a bien fait. Voilà les honnêtes gens, les grands citoyens. Pour nous, nous sommes des anarchistes, des hommes de sang, des fous, des ambitieux sans entrailles, d'abominables criminels. *Nous voulons détruire toute société.* C'est le mot consacré.

Amis, vous n'avez jamais entendu dans ma bouche le langage de l'orgueil, laissez-moi aujourd'hui cependant, en face de leurs insultes, vous répéter tout haut ce que me dit ma conscience : J'ai bien mérité de la bonne Cause.

Elle triomphera bientôt, la Cause sainte ! Je n'ai jamais senti en moi une foi plus lumineuse, une certitude plus calme, plus limpide et plus pleine, la délivrance du Peuple universel approche. Nos vainqueurs du jour ont les pieds d'argile. Il y a parmi eux bien des gens à qui il faudra pardonner parce qu'ils ne savent ce qu'ils font. Ils sont plus ignorants, plus peureux, plus égoïstes que foncièrement méchants. Le jour du droit arrivera ; et celui de la réconciliation le suivra ; entre Phalanstériens nous pouvons nous le dire. Les moins aveuglés, tout en nous calomniant, comprennent déjà qu'il faut nous dévaliser de nos idées et les réaliser pour ne pas périr. Nous avons bien conquis du terrain, même depuis le 13 juin. Ils croient nous prendre nos idées; ce sont nos idées qui les prennent. Elles font la seule force forte et durable. Qu'ils s'en servent. On ne leur saurait souhaiter rien de plus salutaire.

Quoiqu'on fasse, le vieux monde, le monde de la force brutale agonise. Que ceux du parti de la démocratie qui feraient encore compte sur elle, comprennent la leçon du Peuple. Le Peuple de Paris a prouvé, le 13, qu'il a définitivement renoncé à la poudre et au plomb. Demain il comprendra que l'idée est l'irrésistible artillerie du monde moderne. Après demain les murs de Jéricho tomberont devant son Verbe tout-puissant et il aura conquis les Jérusalems de la Terre promise. Ainsi soit-il! Ainsi sera...

Vive la République Démocratique et Sociale Universelle!

V. CONSIDERANT,

Représentant constitutionnel du Peuple.

Paris, 19 juin 1849.

Contraste insuffisant

NF Z 43-120-14

www.ingramcontent.com/pod-product-compliance
Ingram Content Group UK Ltd.
Pitfield, Milton Keynes, MK11 3LW, UK
UKHW021130140726
13695UKWH00004B/1828